Canalizando com o Mestre Saint Germain

Carmen Balhestero

Canalizando com o Mestre Saint Germain

MADRAS

© 2021, Madras Editora Ltda.

Editor:
Wagner Veneziani Costa (*in memoriam*)

Produção e Capa:
Equipe Técnica Madras

Revisão:
Ana Paula Luccisano
Neuza Rosa
Jaci Albuquerque

Dados Internacionais de Catalogação na Publicação (CIP)
(Câmara Brasileira do Livro, SP, Brasil)

Balhestero, Carmen
Canalizando com o Mestre Saint Germain / Carmen Balhestero. -- São Paulo : Madras, 2021.

ISBN 978-85-370-1149-2

1. Canalização 2. Grande Fraternidade Branca
3. Mestres Ascensos 4. Nova Era (Movimento esotérico)
5. Vida espiritual I. Título.

18-17996   CDD-299.93

Índices para catálogo sistemático:
1. Grande Fraternidade Branca : Religiões de natureza universal 299.93
Maria Paula C. Riyuzo - Bibliotecária - CRB-8/7639

É proibida a reprodução total ou parcial desta obra, de qualquer forma ou por qualquer meio eletrônico, mecânico, inclusive por meio de processos xerográficos, incluindo ainda o uso da internet, sem a permissão expressa da Madras Editora, na pessoa de seu editor (Lei nº 9.610, de 19/2/1998).

Todos os direitos desta edição reservados pela

MADRAS EDITORA LTDA.
Rua Paulo Gonçalves, 88 – Santana
CEP: 02403-020 – São Paulo/SP
Caixa Postal: 12183 – CEP: 02013-970
Tel.: (11) 2281-5555 – (11) 98128-7754
www.madras.com.br

Agradecimentos

Agradeço ao Poder Supremo de Deus-Pai-Mãe pela oportunidade de servir nestes momentos de Transformação Planetária.

À Minha Família Terrena, meu pai, André, minha mãe Genny (*in memoriam*), às minhas irmãs Vera e Cláudia, à minha estrelinha Nicole e aos meus cunhados Alexander e Neto.

Ao meu companheiro há 25 anos, Clêudio Bueno, pela Paciência, pelo Amor e pela Fé.

Ao meu editor e amigo, Wagner Veneziani Costa, que, com sua Luz e Intuição, consegue fazer mágica no mundo literário, unindo e despertando tantas pessoas... Gratidão mais uma vez por materializar as Mensagens do Mestre Saint Germain. Que Deus e os Mestres da Fraternidade Branca abençoem sempre sua Vida com Saúde, Sucesso e Realizações.

Aos meus seis anjos de quatro patas, que já estão nos Planos de Luz: Aloha, Merlin, Shasta, Star, Órion e Sírius.

À Família PAX, que nos ajuda a criar uma nova egrégora de Oração e Nova Consciência ao redor da Mãe Terra.

Agradeço a Você que escolheu trilhar o Caminho da Espiritualidade nas bênçãos do Mestre Saint Germain. Que, juntos, possamos fazer melhores escolhas a cada dia, tornando-nos os melhores seres humanos possíveis a cada instante, criando assim uma vida melhor e um mundo melhor, com Respeito, Integridade e Compaixão. Que você aceite ser Verdadeiro com Você e canalize as bênçãos de todos os Seres em sua Vida, sempre.

Gratidão Eterna ao Bem-Amado Mestre Saint Germain por Vossa Presença Luminosa em nossas Vidas.

Dias Iluminados com Saúde, Amor, Abundância e muitas Realizações,

Pax & Luz

Eu Sou,
Carmen Balhestero

Índice

Apresentação..9
Mensagem do Mestre Saint Germain............................13
Canalizando com o Mestre Saint Germain
(ou Aprendendo a Canalizar com o
Mestre Saint Germain)...15
Primeira Parte: Preparando-se para Canalizar.............19
Segunda Parte: Duração – 21 dias................................21
Dicas de Como Canalizar Hostes Angélicas,
Seres Elementais e Mestres Ascensos..........................29
Despertando seus Dons: Intuição, Projeção Mental,
Visualização Criativa, Intenção, Sentimento..............31
Trechos de Canalização de Metatron – Novas Escolhas
– Canalizados por Carmen Balhestero.........................37
Sete Dicas para Ser Feliz..45
    Alimentação: Elevando a Vibração do Corpo por meio
    dos Alimentos..46

Dicas Importantes 47
Alimentos e Atitudes que Aumentam
a Frequência Vibratória 49
    Dieta Sugerida por Mestre Saint Germain 51
    Relação de alimentos para melhor combinação alimentar que você pode ingerir nesse período sugerido
para a Dieta ou sempre que quiser 52
Quem Foi Mestre Saint Germain 57
    Quem Foi Mestre Saint Germain e suas Vidas
no Planeta Terra 57
    Quem é o Mestre Ascensionado Saint Germain 61
    Chama Violeta 62
    Exercício da Chama Violeta 63
    Cruz de Malta 63
    Exercício da Cruz de Malta 64
    Monte Shasta 65
    Dicas do Mestre Saint Germain para
uma Vida Melhor 66
    Conexão com o Monte Shasta 76
    Orações pela Paz 78
    Meditação de Cura Mundial 83
Mensagem Final do Mestre Saint Germain 87
(Anexo1) Presença Eu Sou 91
(Anexo2) Os Sete Raios Cósmicos 95
Sobre a Autora 99
Fraternidade Pax Universal 103

Apresentação

 Estou no caminho da Espiritualidade conscientemente há 37 anos, canalizando Mestre Saint Germain e os Mestres da Grande Fraternidade Branca. Muitas pessoas me questionam o que significa "canalizar" e o que devem fazer para aprender a canalizar. O objetivo deste livro é fazer com que você também comece a canalizar.

 Quero compartilhar com você, de forma rápida e objetiva, minhas experiências ao longo de todos estes anos. Na teoria, na hora em que canalizo, vejo meu corpo de luz se deslocar para o lado direito, e os Mestres se aproximam do lado esquerdo e usam meu sistema linguístico para compartilhar as mensagens. Mas, para que isso ocorra, tenho uma disciplina rígida: faço jejum uma vez por semana (só líquidos, muita água todos os dias, sou vegetariana há 37 anos) e rezo muito. Sempre escolho os alimentos que vou ingerir, pois eles se transformam em energia, e preciso elevar a vibração do meu corpo para que os Mestres "utilizem meu corpo como instrumento de comunicação".

Como vivemos um momento de aceleração vibracional muito intenso, o Mestre Saint Germain não será tão rígido com os que sentirem o chamado para começar a canalizar. Na realidade, Ele quer que cada um assuma responsabilidade perante as próprias escolhas a partir da Luz da Presença EU SOU e, assim, cada um será um Pilar de Luz na Terra. Entre conosco nesta nova jornada e vamos juntos manifestar e cocriar um Novo Tempo de PAZ. O Mestre quer que saibamos que o mais importante não é canalizar a mensagem, mas AGIR DE ACORDO COM NOSSO LIVRE-ARBÍTRIO, sendo exemplos vivos da Luz de Deus em Ação. De acordo com as novas Instruções, primeiro preparamos nossos corpos elevando a vibração, depois passaremos por um aprofundamento de sete dias e por dois de 21 dias, exercitando o silêncio e meditando sobre as instruções de cada um desses dias. Depois, é pegar papel e lápis e permitir que o Mestre Saint Germain traga as Mensagens.

É hora de fazer a Lição de casa com Verdade e Transparência. O Mestre irá acompanhar o desenvolvimento de cada discípulo que sentir o chamado para servir como Ponte entre Reinos e assim sustentar a Luz na Mãe Terra, praticando as lições aqui sugeridas.

Você tem em mãos um manual que irá primeiro auxiliá-lo a elevar a frequência de vibração de seu corpo e depois canalizar as mensagens dos Seres da Grande Fraternidade Branca Universal. Alimentando-se de forma correta e tendo disciplina nas práticas diárias que o impulsionam a atrair as bênçãos de Luz, você ancora toda a egrégora de Plenitude em sua vida.

Você passará por alguns processos sugeridos neste manual, para que possa mudar o padrão vibracional de seu cérebro e não estar mais condicionado a hábitos passados e crenças que limitam. Mas você também atingirá toda a egrégora de um Novo Tempo de Unidade com todas as formas viventes.

Quando você assume responsabilidade perante a sua energia, tudo se torna possível e você atrai somente situações e momentos felizes em sua vida. Sinta que neste momento você está no comando de sua vida, permitindo que todas as novas possibilidades se apresentem e se manifestem Agora.

Não julgue algumas sugestões aqui compartilhadas, pensando que não vai conseguir executá-las, apenas deixe-se fluir, obedecendo e respeitando o Seu Tempo de Reintegrar a Totalidade de seu Corpo em sua essência, que é LUZ. Seja Verdadeiro com Você.

Quando você elevar a vibração de seu corpo e estiver canalizando os Seres de Luz, irá auxiliar na Transformação Planetária que sustenta toda Força e Poder de Deus-Pai-Mãe, o Grande Arquiteto dos Universos em expansão. Este é o momento do resgate dos Valores Humanos, para que nós, como Humanidade, possamos viver a Integridade, o Respeito a todas as formas de Vida em evolução e o real espírito da Fraternidade.

Lembre-se de que você é um Ser Sagrado que veio à Mãe Terra para compartilhar sua Luz e dons com as pessoas e seres que vivem ao seu redor. Abrace este seu novo *Momentum* = acúmulo de energias positivas; este é o seu momento de se conhecer melhor e crescer, canalizando a Luz da sua "Presença EU SOU".

O Mestre Saint Germain e os seus Anjos da Guarda estarão ao seu lado, observando seu crescimento e reação. A Vida é a grande oportunidade que recebemos para desenvolver e compartilhar nossos talentos e ideais. O mais importante para que você seja bem-sucedido no final do seu processo de canalizar é respeitar seu tempo, assimilar as palavras e energias, prestar atenção em todos os sinais em sua vida durante essa fase de aprimoramento de seu Eu e, por fim, de reconhecer que este é o Seu Verdadeiro Momento de Mudar a Sua Vida, por meio da reformulação profunda de suas ideias, seus sentimentos e, acima de tudo, seus valores.

Encontre em Você a Força necessária para se entregar a esse *Momentum*. Por meio desta jornada, você sentirá muitas mudanças em sua Vida. Abra-se para receber essa força de Luz.

Gratidão, Namastê, e vamos iniciar nosso Processo para que cada um aprenda, em primeiro lugar, a canalizar a própria Luz da Presença EU SOU e depois as Mensagens dos Mestres.

Pax & Luz

Eu Sou,
Carmen Balhestero

Mensagem do Mestre Saint Germain

"Amados Filhos:

Canalizar é o Processo de comprometer-se a servir à Luz de Deus na Terra nestes momentos de reavaliação e mudanças conscientes. Os seres da Grande Fraternidade Branca Universal estão cada vez mais próximos da Terra, abençoando e trazendo novas intervenções nestes momentos de Cocriar a Paz. Imbuídos de Atenção, Predisposição e Disciplina, atingireis a frequência apropriada para que possais canalizar.

Agradecemos a todos os que ouvirem o chamado para serem canais de Luz na Mãe Terra.

Amor e Luz

Eu Sou,
Saint Germain"

Canalizando com Mestre Saint Germain (ou Aprendendo a Canalizar com Mestre Saint Germain)

Comece a exercitar as práticas diárias a seguir por 15 minutos por sete dias: meditar, visualizar luz dourada em todas as extremidades do corpo e no coração, respirar fundo e absorver o prana (luz que tem no éter – no ar).

1 – Exercitar o Silêncio, a Disciplina e a Concentração – Focar no Poder Supremo de Deus-Pai-Mãe, O Grande Arquiteto dos Universos em Expansão – sempre fortalecer a conexão com a Espiritualidade vivendo a Verdade Individual.

2 – Entregar-se à Vontade Divina e Não à Vontade do Ego-Personalidade.

3 – Buscar Harmonia em todos os Relacionamentos e todas as formas de Evolução nos reinos mineral, vegetal, animal, hominal.

4 – Bênçãos de Deus vêm quando cada um vive somente a sua Verdade em todas as Situações.

5 – Alcançar Estado de Graça e Atrair Grandes Realizações requer predisposição para querer manifestar e aceitar os Dons do Universo.

6 – A Manifestação é o resultado da frequência de vibração de cada ser.

7 – A Canalização ocorre sem esforço, no real compromisso entre seres que queiram compartilhar a Verdade.

8 – A Liberdade Mental possibilita a leveza e a forma de melhor escolher pensamentos e decisões.

9 – Viver a Verdade é o Caminho da Canalização.

10 – Existe somente Um Poder: Deus-Pai-Mãe, Criador dos Universos em expansão, em ação.

11 – A Fraternidade é o reflexo de atitudes e sentimentos de todos os seres que buscam ancorar as energias cristalinas de um novo tempo de PAZ.

12 – A Paz só é manifestada quando, no Silêncio, todos reconhecem as grandes oportunidades de estabelecer formas de expansão de consciência e de integração com as Forças da Natureza. Compartilhe: Conhecimento, Companheirismo, Fé, Disposição em Servir à Luz.

****

Primeira Parte: Preparando-se para Canalizar

Há duas opções: você pode exercitar as quatro chaves a seguir durante uma semana ou escolher vivenciar uma chave por vez durante quatro semanas:

Por sete dias, não julgue pessoas, situações e a mídia (Primeira Semana).

Por sete dias gaste dinheiro quando for absolutamente necessário e perceba como se sente (Segunda Semana).

Por sete dias não dê conselhos ou sua opinião, a não ser que lhe peçam (Terceira Semana).

Por sete dias reconheça as partes do seu corpo físico ou emocional que o machucam e doem e não reclame. Pergunte-se: por que esta situação foi criada e como você a cura? (Quarta Semana)

Após exercitar essas disciplinas, perceba que sua consciência reconhece o que realmente importa quando você usa sua intenção de forma apropriada. Você começa a aprender a relação entre permitir-se ter e deixar-se fluir, renunciando hábitos massificados e robotizados de maneira repetitiva e colocando toda a sua atenção de modo pleno em cada situação, o que resulta em uma Vida mais saudável. Quando você reconhece o que não quer e renuncia a um hábito antigo, afeta seu cérebro de forma efetiva e verdadeira, atingindo a sua área central, que reconhece imediatamente o que você quer.

Quando cada um desperta, conscientemente e de forma intencional, escolhe assumir total responsabilidade perante suas escolhas. Todos tornam-se menos impulsivos e ansiosos e começam a agir de maneira mais estável e equilibrada, sentindo-se mais fortes e fazendo melhores escolhas. As mentes reconhecem as situações, mas são os corações que metabolizam emoções e as manifestam. Pondere, Medite, Ore, Respeite-se, Reaprenda a Viver.

****

Segunda Parte: Duração — 21 dias

Escolha um horário de quadrante: 6 horas, 9 horas, 12 horas, 15 horas, 18 horas ou 21 horas e medite nas frases a seguir.

*Purificando Corpos e Sintonizando Novas Frequências para Aprender a Canalizar por meio do Questionamento de Valores e das Mudanças Conscientes.

Dia 1: Confie em seu Poder Individual. Retorne às origens e manifeste a sua Verdade. Simplifique sua Vida e busque Motivação em sua forma de Ser. Busque seu propósito de Alma e reconheça todas as possibilidades de manifestá-la.

Dia 2: Você sabe o que sua Alma deseja. Sintonize com a sua Luz, reconheça a sua Luz. Saiba que este é o seu momento de organizar melhor suas ideias e atingir seus objetivos manifestando a sua Vitória.

Dia 3: Expanda o potencial de seu terceiro olho. Amplie sua visão fortalecendo sua Intuição e reconheça que você tem a habilidade de se manter calmo e centrado em seu próprio poder interno. Use sua inteligência para expandir sua Percepção Verdadeira.

Dia 4: Assuma responsabilidade perante seu bem-estar e atraia a sua cura harmonizando os corpos físico, mental e emocional. Na Meditação e centrado em seu poder interior, você encontra as energias necessárias para curar cicatrizes e atingir a totalidade da sua Paz no momento presente. Seja a Verdade. Aja com Verdade.

Dia 5: Utilize todas as ferramentas disponíveis em seu caminho para interagir melhor com as pessoas em sua vida. Aceite mudanças. Abençoe este momento. Viva a sua Serenidade.

Dia 6: Transmute pensamentos e sentimentos negativos, sintonizando a sua Paz. Limpe suas energias distorcidas por meio da visualização criativa, envolvendo-se no Poder da Chama Violeta em ação.

Dia 7: Quanto mais próximo você estiver em compartilhar seu Ser, e viver de forma íntegra e serena, mais abundância atrairá em sua vida. A Abundância é a Chama que impulsiona um novo Tempo de expansão de seus horizontes e novas possibilidades em seu Caminho de Luz.

Dia 8: Cuide melhor de si mesmo. Nutra seus corpos físico, mental e emocional. Alinhe seu Poder Interno. ao Cosmos, saiba que existem Forças Poderosas que o guiam além de sua compreensão. Busque essas Forças. Alimente essa conexão. Quando você nutre sua Vida, o Universo o ilumina e abençoa por ser quem você realmente é. Exercite a Compaixão. Coloque-se no lugar do outro, sentindo a Dor e as dificuldades, e ao mesmo tempo sinta sua Dor e Dificuldades e prepare-se para curá-las.

Dia 9: Estabilize sua energia durante o sono. Antes de dormir, ordene ao seu cérebro que se acalme e que lhe traga o sono reparador para que, aprofundando-se em seu subconsciente, você atinja a Chama da sua Verdade e o Poder da Manifestação acumulado em todas as vidas anteriores, que estão armazenados em seu Registro Akáshico. Simplifique Pensamentos, Vivencie a sua Verdade. Restabeleça a conexão com sua mente subconsciente que propicia a Manifestação de seus ideais.

Dia 10: Reconheça a Totalidade da Vida. Saiba que tudo é Sagrado e em sintonia com seu Poder Interno. Você abre novas possibilidades de expansão de consciência e de manifestação da sua Verdade. Concentre-se no Poder de seu chacra cardíaco. Visualize a chama verde que cura mazelas e impurezas criadas pela mente e pelas emoções. Permita-se expandir seu Poder Interno de abraçar este novo momento de Luz, restabelecendo a sintonia com seu Ser Real. Respire e Viva o Momento presente. Pare de tentar controlar os outros ou a si mesmo.

Dia 11: Elevando sua frequência e vibração, você atinge a egrégora da Proteção. Experencie novas ondas de Luz que transformam sua Consciência e o Curam. Não resista, cure tudo o que surgir em sua mente e em seu coração, curando sua emoção. Dor e Medo são Transmutados quando você os confronta com a sua Verdade. Seja Você, Sinta Você, Expanda Você.

Dia 12: Conhecimento nem sempre é atingido por intermédio de livros, mas durante a experiência humana. Expanda seu campo mental desenvolvendo suas habilidades psíquicas, simplesmente colocando sua atenção no momento presente e usando sua sensibilidade para manifestar LUZ. Seja curioso, queira aprender sempre mais, sobre várias áreas da Vida. Ouse desafiar sua capacidade mental e permita-se crescer de forma organizada e equilibrada.

Dia 13: Recomece todos os dias sem forçar os outros a enxergarem da mesma forma que você. Aceite as diferenças. Abrace novas perspectivas. Seja a totalidade da sua Energia que reconhece que este é o momento de Vivenciar e Precipitar a sua maestria, mediante o reconhecimento de suas potencialidades.

Dia 14: A dinâmica da Vida é perfeição. O Meio Ambiente renova-se a cada dia. Decida ser um mantenedor da Mãe Terra, aceitando suas funções e desenvolvendo-as da melhor forma possível. Pequenos gestos simples e verdadeiros refletem o Poder da Criação de Deus. Reconheça que você é Filho de Deus e, portanto, tem Poder de expandir seus horizontes além da matéria e reconhecer a totalidade da sua existência real. Sinta suas raízes ancoradas na coragem (= agir com o coração). Seja sempre positivo e abra-se para novas possibilidades. Não se defenda do fluxo da Vida, permita-se deixar fluir na corrente de Luz e estabilize seu coração. Respire.

Dia 15: Reflita sobre seus valores e atitudes. Quais motivos o levaram a viver essa realidade que você mesmo criou? O que você pode fazer para mudar esta situação? Quais são suas Crenças? Envolva-se na Chama Laranja da Alegria, Milagre, Felicidade e Surpresas Agradáveis. Sem julgar, permita-se receber as bênçãos deste novo Tempo de Luz. Aprecie a Vida. Passe mais tempo com amigos e sinta o poder da solidariedade.

Dia 16: Viva com Sabedoria. Utilize seus dons em prol da sua Verdade. Reconheça a beleza e suavidade da Vida e abençoe tudo e todos ao seu redor, sempre. Você progrediu em seu caminho. É o momento de liberar tudo o que não pertence a este novo ciclo. Você não é responsável pela atitude ou escolha de outros. Assuma a responsabilidade em viver a sua Vida na plenitude de cada instante sagrado. Você cresceu, e o julgamento já não ocupa mais lugar em seu comportamento.

Dia 17: Transmute ilusões por meio da Lei do Coração, cuja essência é o Amor Incondicional, base de sua Verdade e senso de Justiça. Assuma seu Poder e Respeite-se mais. Brilhe sua Luz em todas as situações. Derrube barreiras criadas por seu ego e mente e abrace este novo Tempo de Paz. Conquiste sua Força Interna e Poder de Reconhecer as Grandes Oportunidades da Vida Agora.

Dia 18: Desenvolva seus dons e aceite mudanças. Termine tudo o que começou. Dance no fluxo da Vida, abrace as grandes ondas de concretização. Limpe mente e coração e expanda seu potencial em criar uma nova Vida. Concentre-se em seus objetivos para criar a transformação necessária nesse seu ciclo atual.

Dia 19: Comprometa-se a cumprir suas metas e aceite a ligação entre o espiritual e o material, pois são duas faces da mesma essência refletida na Vida. Desenvolva uma rotina saudável com horários para meditar e conectar-se com a Espiritualidade. Dedique mais tempo em reconhecer como o Poder de Deus afeta sua Vida a cada dia.

Dia 20: Escolha pensamentos positivos, escolha viver de forma verdadeira e equilibrada e as bênçãos da Luz virão até você. Mudando o foco para energias construtivas, você atinge a totalidade do seu potencial em criar e transformar. Aceite essa Verdade. Seja o Poder da sua Mudança em ação agora. Seus sentimentos são reflexos de suas atitudes e escolhas. Mude perspectivas, aceite novas bênçãos e escolha novamente.

Dia 21: Honre seu corpo que é seu Templo. Expresse a sua Verdade. A cada dia, reconheça que possibilidades ilimitadas estão à sua disposição para que você viva de forma plena e feliz. Novas ideias permitem que você cresça mais e mais. Procure o verdadeiro significado da sua Vida. Ouça o Silêncio. Busque em Você a Manifestação. Assuma seu Poder Agora.

Dicas de Como Canalizar Hostes Angélicas, Seres Elementais e Mestres Ascensos

☐ Canalizando Hostes Angélicas: sente-se confortavelmente e respire. Acenda uma vela branca e fixe sua atenção na chama da vela. Feche os olhos e "veja" a chama da vela em seu terceiro olho no meio da testa. Abra e feche os olhos várias vezes até conseguir enxergar a chama da vela com os olhos fechados. Se em último caso você não conseguir enxergar, visualize essa chama ali, projete-a naquele local. Essa prática irá ajudá-lo a abrir sua visão às outras dimensões, principalmente à Hoste Angélica. Invoque por Arcanjo Miguel, Príncipe dos Anjos, para que auxilie na aproximação da Hoste Angélica.

- [ ] Canalizando Seres Elementais da Natureza: invoque por Mestre Lemuel, Ser Responsável pelos Elementos da Natureza: Hélios e Vesta do Elemento Fogo; Virgo e Pelleur do Elemento Terra; Áries e Thor do Elemento Ar; Netuno e Lunara do Elemento Água – para que estejam em seu lar e harmonizem o ambiente. Tenha Cristais ou Pedras com você, facilitando assim a comunicação com todos os Seres de Luz. Os Cristais atraem, armazenam e ampliam energias e manifestam seus ideais.

- [ ] Canalizando Mestres Ascensos: visualize à sua frente o Mestre Saint Germain, que abre todos os caminhos para a sua Maestria Individual. Visualize um raio de Luz Violeta, que sai do seu terceiro olho e se une ao terceiro olho do Bem-Amado Mestre Saint Germain projetado na sua frente. Permita-se sentir essa conexão. Inspire e não pense, sinta a energia que flui em você agora. Aceite as Bênçãos deste Novo Tempo e lembre-se, você será um meio de comunicação, um facilitador da Vontade Divina no processo da Canalização. Você perceberá que estará cada vez mais próximo de sua essência e do seu Verdadeiro EU.

****

Despertando Seus Dons: Intuição, Projeção Mental, Visualização Criativa, Intenção, Sentimento

São 21 dias para entrar em sintonia com o Processo da Canalização: ficar em Silêncio e Praticar estas Sugestões por 15 minutos a cada dia, de preferência no mesmo horário (horário quadrante é mais forte: 6 horas, 9 horas, 12 horas, 15 horas, 18 horas, 21 horas) ou no mesmo período (manhã, tarde ou noite). Se preferir, coloque uma música de fundo e permita-se mergulhar neste novo momento de Luz em sua Vida.

Primeiro Dia: Envolver-se em Luz Azul da Proteção e Comunicação Verdadeira, Verde da Cura, Dourada da Consciência, Violeta da Transmutação, Branco da Paz e Unidade.

Segundo Dia: Observar e agir de acordo com a Integridade. Questione: quais são seus reais Valores, o que realmente Importa para Você? Harmonizar Ações com seu Conhecimento de Alma, ancorados na Verdade. Direcione sua Mente somente para Situações Positivas.

Terceiro Dia: Dê Permissão ao seu Anjo da Guarda e a seus Guias Espirituais para que estejam sempre perto de você, intuindo os melhores Caminhos.

Quarto Dia: Transmute e Limpe tudo o que não seja construtivo. Visualize o Poder da Chama Violeta em Ação ao redor de todas as suas situações, permita-se receber a Intuição necessária para sua Vitória.

Quinto Dia: Tome decisões drásticas, eliminando definitivamente tudo o que é ilusão em sua Vida. Decida não mais alimentar devaneios da mente, e fortaleça sua conexão com o Momento Presente, o Eterno Agora.

Sexto Dia: Ouça sua Intuição e permita-se resplandecer a sua Luz. Busque em Você a sua Força, no âmago de sua Alma, na Cura das Ilusões da Mente, no Fortalecimento do seu Caminho de Paz.

Sétimo Dia: Prepare-se para desenvolver a sua mediunidade.

Oitavo Dia: Reconheça que Você é um Anjo na Terra, e Anjos agem de forma consciente, íntegra e verdadeira em todos os momentos de suas evoluções.

Nono Dia: Escolha suas Prioridades. Permita-se galgar seu Caminho rumo à Evolução e encontro do Sagrado a cada dia, reconhecendo o Poder de Deus-Pai-Mãe como Força Criadora em Ação.

Décimo Dia: Corte suas cordas com o Passado e com Tudo o que o magoou. Liberte sentimentos de raiva, mágoa e dúvidas. Viva a sua Verdade.

Décimo Primeiro Dia: Trabalhe suas Emoções de forma Verdadeira, Aprenda a Perdoar e a Transmutar o que não existe no Momento Presente. Fantasmas Mentais só atrasam sua evolução. Decida Transmutá-los utilizando o Poder da Chama Violeta em Ação.

Décimo Segundo Dia: Olhe-se no espelho, fundo em seus Olhos e trabalhe seus Medos. O medo provém do Ego, que necessita ser Transmutado rapidamente de acordo com a Consciência do Momento Presente. Aceite seus Limites e Decida não mais caminhar nesta frequência de vibração.

Décimo Terceiro Dia: Equilibre seus Chacras e permita que sua harmonia atraia somente o sagrado, próspero e feliz em sua Vida.

Décimo Quarto Dia: Ouça a Verdade e esteja disposto a Perdoar.

Décimo Quinto Dia: Invoque pelo Poder, Sabedoria e Amor Incondicional dos Mestres Ascensos em sua Vida.

Décimo Sexto Dia: Reconheça que o Poder da Manifestação está em Você.

Décimo Sétimo Dia: Permita que sua sensibilidade venha à tona, mas sem exageros do ego-personalidade, mas da real sensibilidade que está em harmonia com seu coração e com sua Verdade.

Décimo Oitavo Dia: A Lei da Atração começa a Agir em Você Agora. Uma vez que você refina sua Sintonia, encontra seu refúgio Sagrado e ali desperta suas qualidades Divinas.

Décimo Nono Dia: Abrace a Magia da Vida, Siga uma Alimentação Saudável que eleve sua Frequência Vibratória para que Você Manifeste a sua Luz em Ação em todas as Atividades que desenvolver.

Vigésimo Dia: Honre suas Emoções e Cure seu Coração. Permita que daqui para a frente, somente Amor e Luz fluam de seu Coração para o mundo. Nesse estado de comprometimento com Força, Verdade e Alma, você Opera Milagres.

Vigésimo Primeiro Dia: Restabeleça a Conexão entre os chacras cardíaco (no centro do peito) e coronário (no alto da cabeça). Quando alinhados de forma apropriada, vibrando na mesma Frequência, Você Manifesta a sua Luz Interna em Ação.

No final desses 21 dias, sinta GRATIDÃO pela Vida, pelas Oportunidades e pelas Mudanças que ocorrerão. Exercite a Calma e a Verdade. Seja Persistente. Reconheça as Bênçãos dos Universos a cada instante em sua Vida. Lembre-se de que Você é um Semideus em ação e cocria sua Nova Realidade a partir de suas intenções, seus pensamentos, suas atitudes; escolhas conscientes.

Quando você toca o poder espiritual da criação, desperta novas energias e permite que oportunidades floresçam. Quando você toca o seu poder individual de criar, manifesta sem esforço. A Criação é um poder espiritual natural que reside em cada ser. Pare de forçar situações e permita que a sua mudança ocorra de forma simples e natural, Agora. A Iluminação é a culminação de muitos passos galgados em várias vidas.

Aprofunde-se em sua Luz e beba da Fonte Ilimitada de Amor Incondicional. Permita-se receber as bênçãos de tudo o que foi plantado nesta e em outras Vidas. O Poder do Amor abre todas as portas para a Manifestação. Alinhe-se com sua Presença Eu Sou e permita que as sincronicidades ocorram de maneira perfeita e sutil.

Agora você está pronto para canalizar. Permita-se ser Verdadeiro e não Force nada; as Mensagens virão sem esforço e fluirão de forma leve e sem tensão. Pegue uma folha de papel e um lápis e coloque-se a Serviço da Luz, pela LUZ e pelo Bem de Todos, criando, assim, a Paz Individual e a Paz Planetária.

Gratidão por Escolher Abraçar mais uma Etapa em sua Evolução Espiritual.

Amor e Luz,

Eu Sou,
Saint Germain

****

Trechos de Canalização de Metatron – Novas Escolhas – Canalizados por Carmen Balhestero

É tempo de fortalecer o livre-arbítrio.

A humanidade experenciará um novo *momentum*.

Recomeçai um novo despertar e abraçai o ilimitado.

Os pactos de alma são sustentados pela luz e **virão à tona a luz do discernimento, a luz da consciência, a luz da revelação, a luz da própria verdade**.

A mente crística tudo irmana.

A espiritualidade é o caminho da conexão com vossa alma e com o propósito da Divindade.

A energia do éter tudo cria por meio do NADA. Temos nada, mas por intermédio da RESPIRAÇÃO temos tudo.

A luz do poder da vossa inspiração e da vossa expiração conscientes traz à tona a MANIFESTAÇÃO.

O desperdício de vossas respirações deve ser curado rapidamente, e na chama da vossa atenção o ato de inspirar e expirar deverá revelar a vida.

Por intermédio da vossa razão do tridimensional nem sempre chegareis aos vossos resultados, porém pelo vosso coração, que tudo sabe, sente e que é vosso cérebro verdadeiro, atingireis a luz e a vossa própria onisciência.

Estai despertos para que todos almejem sustentar e buscar a força da paz, para que todos renunciem a todas as irradiações que não mais condizem com as irradiações do sagrado, e estai mais aptos a manifestar a revelação.

Nenhum ser tem o poder de definir a realidade de outro ser, nenhum ser tem o poder de definir as escolhas de outro ser.

Que possais entender a profundidade da palavra PERCEPÇÃO.

Perceber é a força que vos coloca a compreensão dos fatos ou das situações que ocorrem em vossas vidas cotidianas.

Devereis perceber não só por meio da luz do ego e da vossa mente racional, mas também entender que devereis avançar na vossa percepção verdadeira no processo intuitivo; ouvindo a luz do coração, renascereis na força do sagrado e manifestareis o sentido da igualdade, na chama que liberta reencontrareis o bálsamo que sustenta a vossa vida, e na força do vosso propósito estareis aptos a servir as energias que reconhecem todos os seres como unos mediante o poder máximo que atrai o potencial da igualdade em ação.

A falta de respeito deverá ser curada rapidamente.

Por meio de Cristo Maietreia será feita **uma grande dispensação crística sobre todo o inconsciente coletivo da humanidade, para que todos os seres despertem para a paz, para que todos os seres despertem para a consciência de que o verdadeiro cérebro está no coração e não mais na mente, para que todos atuem por intermédio do processo intuitivo e da força da benevolência.**

Servistes como pilares para ancorar a vossa própria evolução, e também a evolução da raça humana, servistes como pilares para ancorar essa nova perspectiva de sabedoria e a luz do discernimento.

Que possais vos preparar para que todos os seres sejam agraciados e abençoados; sedimentados na luz do livre-arbítrio abraçareis todas as grandes oportunidades.

A luz deverá ancorar as forças de perfeição, amor e equilíbrio; que possais sustentar o chamamento da chama azul-dourada, e juntos atuaremos de acordo com o governo oculto do mundo em todos os dirigentes governamentais de vossa Mãe Terra, para que sejam iluminados e que estejam diante do poder da sabedoria, que estejam diante do propósito de discernimento, que estejam diante do caminho da unidade, que estejam diante do caminho da própria fé, e que a força suprema de Deus fale a cada um desses líderes para que eles compreendam que apenas ocupam uma posição para que possam servir, servir uns aos outros como raça humana.

Convosco estaremos ancorando a precipitação dos Tronos de Deus, a precipitação da Luz, a precipitação de Satya Yuga, a irradiação da Era da Luz no reconhecimento da vossa força crística, na energia que traz o verdadeiro poder, na sintonia que se rende perante o poder supremo da iluminação, na força que fomenta a irradiação do amor incondicional, na luz que determina esse novo santo sacrário para que todos os seres viventes, com a força que predispõe a luz da alma, possam reconhecer o trabalho eletromagnético deste novo tempo por meio de todos os grandes caminhos que iluminam e trazem a verdadeira chama do coração.

Então estareis aptos a atrair vossa verdade e vossa nova realidade, estareis distantes das ilusões que pregam a violência e as guerras, as energias que trazem o sofrimento humano e as forças do limite.

DISCERNIMENTO, saber escolher vossas intenções, vossa própria atitude concisa; é responsabilidade de todo ser encarnado assumir total força e controle perante o próprio corpo, perante a energia que carrega e sustenta, perante as escolhas individualizadas na luz do eterno agora.

Sois responsáveis por vossos corpos, por vossas emoções, por vossas escolhas, por vossas vidas.

É momento de recriar novos paradigmas, de vislumbrar a integridade e o caráter, o respeito aos valores humanos e às energias devocionais.

Que possais sustentar a chama azul-cobalto dourada em todas as vossas atividades e em vossos pensamentos, para que possais ser reflexo da grade cristalina de Deus-Pai-Mãe, que **trará à tona luz, perfeição e amor incondicional** para que, **por intermédio da luz de todas as grandes formas geométricas sagradas dos universos em expansão,** possais estar sempre vibrando nas irradiações mais elevadas, atingindo o patamar da consciência da divindade, manifestando a luz e a paz, renascendo por meio da vossa verdade empírica no caminho único da transmutação de tudo que não mais condiz com este novo ciclo de Satya Yuga na Era da Luz.

Vossa inspiração traz a força da chispa divina do Espírito Santo ao vosso novo alento, para que possais personificar, magnetizar e manifestar vossa nova realidade.

Que possais continuar vossas peregrinações na grande jornada na Mãe Terra; que possais sustentar vosso novo alento por meio do vosso poder; que possais reunir vossos esforços na fé; que possais engrandecer a energia da vossa própria vida mediante o fortalecimento do vínculo da alma, no qual juntos professareis a verdade, no qual juntos como humanidade reescrevereis a nova história em que todos os seres nos reinos mineral, vegetal, animal, hominal determinam o sentido da igualdade e do respeito mútuo, em que não existe mais julgamento, em que a energia da comparação e da competição não serve os propósitos divinos, mas na qual todos se respeitam mutuamente, todos engrandecem e fortalecem seus dons e talentos, todos compartilham as irradiações dos dons de Deus para que possais cada vez mais agregar, expandir e conscientizar este novo ciclo, no qual todos são devotos da luz, irradiações que refletem o poder da luz, no qual todos, afinal, assumem e reconhecem que são a própria luz de Deus-Pai-Mãe em ação.

O momento é de mergulho profundo no silêncio, para que possais protagonizar neste novo tempo de mudanças a verdadeira manifestação da Era da Luz, Satya Yuga, que traz a igualdade, a fraternidade e a liberdade mental à tona; **a verdadeira liberdade é a liberdade mental em que o corpo mental é livre para projetar e visualizar somente edificações positivas, e não mais devaneios no ego-personalidade.**

Visualizeis à vossa frente uma grande esfera viva de luz espiral, de luz azul-cobalto dourada, e que possais inspirar essa verdade atingindo o poder do absoluto, manifestando o vosso poder. A chama azul-cobalto traz o poder da decisão, o poder da mudança, o poder da transformação.

Amor e Luz

Eu Sou,
Metatron

Sete Dicas para Ser Feliz

1. Ao acordar, respirar fundo, agradecer a Deus e fazer uma Oração.
2. Viver de acordo com a Sua Verdade.
3. Meditar alguns minutos, três vezes ao dia, e sintonizar-se com Deus para receber Inspirações e Bênçãos.
4. Alimentar-se bem, de preferência de alimentos orgânicos, saladas e frutas.
5. Beber muita água durante o dia para equilibrar o PH do sangue e limpar as células.
6. Ingerir arroz integral pelo menos três vezes na semana.
7. Caminhar ao ar livre, exercitar-se por meia hora todos os dias.

Alimentação: Elevando a Vibração do Corpo por meio dos Alimentos

QUERIDOS AMIGOS:

Somos vibração e energia em um corpo; o que comemos se transforma em energia e eleva ou abaixa a frequência de nosso campo de Luz. Quando eu fui voluntária da Louise Hay por sete meses em Los Angeles, onde morei em 1987, nós atendíamos as pessoas portadoras de HIV, em uma época que ninguém sabia o que era, e havia muito preconceito – foi quando Mestre Saint Germain indicou a Dieta do Arroz Integral por sete dias, para regenerar o corpo, as moléculas, células e curar as doenças sérias: tumores, etc.

Atendíamos até 600 pessoas em uma noite; o vírus continuava no corpo, mas como uma verruga, sem interferir ou baixar a resistência dos doentes. Já fizemos essa dieta na PAX várias vezes. A base é ingerir arroz integral por sete dias consecutivos para limpar células e artérias, e acima de tudo, regenerar as células do corpo.

Quem me conhece e me acompanha sabe que desde que canalizo os Mestres, a partir de 1981, por sugestão do Mestre Saint Germain, quando eu acordo, todos os dias, tomo três litros de água e faço a primeira refeição quatro horas após ingerir a água, para limpar o corpo – também tomo uma colher de mel com geleia real para dar disposição e elevar a frequência corporal. Além disso, faço jejum às quintas-feiras, quando canalizo (Eles falam através de meu corpo há trinta e sete anos) os Mestres da Fraternidade Branca, esse é o dia da semana de nossas Meditações pela PAZ e pela CURA na Terra, base do trabalho da PAX há 37 anos. Também como muito arroz integral e missô.

Enfim, agora, o momento energético é outro. O objetivo do Mestre em sugerir essa dieta é o de limpar nossos corpos, elevar nossas vibrações, o que facilita o processo da canalização e equaliza o campo eletromagnético da Mãe Terra e de todos os seres viventes. Existem cinturões de luz ao redor de nosso planeta que são ativados de tempos em tempos; vivemos um momento incrível de cocriação de uma nova realidade – cada um de nós é responsável por criar sua Vida e escolher viver de forma diferente por meio de atitudes, pensamentos...

*Dicas Importantes:

- ☐ *Frutas cítricas (laranja, abacaxi, kiwi...) devem ser ingeridas, de preferência, até o meio-dia, após esse horário sua digestão é mais difícil.*

- ☐ *Não ingerir frutas à noite, só legumes e verduras, e de preferência tomar somente líquidos após o pôr do sol, obedecendo aos ciclos da Natureza.*

É só combinar os alimentos certos.

Entre uma refeição e outra, comer nozes ou frutas – a cada duas ou três horas, sem misturar ácido e doce – será bem simples e fácil.

Obrigada a você que nos acompanha há anos, e a você que chegou agora integrando a Família PAX.

Nosso objetivo é trabalhar juntos nossas emoções e nossos corpos e compartilhar o que aprendemos para criarmos uma nova realidade em nossa Mãe Terra, seguindo orientações dos Mestres da Fraternidade Branca, principalmente do Mestre Saint Germain, responsável pelas atividades da PAX.

Dias Iluminados com muitas Bênçãos, Amor e Realizações.

Pax & Luz

Carmen Balhestero

Alimentos e Atitudes que Aumentam a Frequência Vibratória

Atitudes: exercite Perdão, Gratidão, caminhe Descalço no Campo, no Mar, na Cachoeira, energize-se com o Poder da Mãe Natureza.

Alimentos:

- **Alimentos orgânicos:** contêm mais nutrientes naturais, como vitaminas e minerais. As frutas e os vegetais crus e cultivados organicamente afetam mais rápido o sangue de forma positiva.
- **Cloreto de magnésio.**

- ☐ **Dieta macrobiótica:** arroz integral e missô (sopa feita com soja e alga nori).
- ☐ **Comida viva e crua, e sementes germinadas.**
- ☐ **Chá de flores, frutas e ervas, como hortelã, capim-santo, erva-doce, erva-cidreira.**
- ☐ **Vinagre de maçã** equilibra do PH do sangue.
- ☐ **Chá-verde.**
- ☐ **Tomar limão em jejum** equilibra o PH sanguíneo.
- ☐ **Chlorella e spirulina** são algas que ajudam na desintoxicação.
- ☐ **Semente de linhaça.**
- ☐ **Semente de girassol.**
- ☐ **Farinha integral** – em substituição à farinha branca.
- ☐ **Quinoa.**
- ☐ **Castanha-do-pará.**
- ☐ **Nozes, amêndoas e uva-passa.**
- ☐ **Cacau em pó.**
- ☐ **Suco de limão.**
- ☐ **Damasco.**
- ☐ **Polén de abelhas.**
- ☐ **Ginseng.**
- ☐ **Queijo tofu.**

Dieta Sugerida por Mestre Saint Germain

Para desintoxicar e curar problemas por intermédio da ENERGIA emanada pelos corpos físico, mental e emocional, comer por 21 dias: frutas, legumes, saladas, nozes (castanha-do--pará, de caju), soja e grãos integrais germinados.

Beber muita água, sucos de frutas, água de coco – não tomar líquidos durante as refeições – meia hora antes ou duas horas depois para não atrapalhar a digestão.

Ingerir mel.

Como tempero, dê preferência ao limão nas saladas.

Não misturar frutas doces e ácidas na mesma refeição, nem saladas e legumes.

De preferência, comer no máximo três tipos de legumes ou três tipos de folhas de salada juntas – a variedade de muitos alimentos na mesma refeição dificulta a digestão que, às vezes, pode demorar três dias.

O objetivo é elevar a vibração do corpo e limpar o físico, mental e emocional, para que possamos atrair as energias boas e as manifestações positivas.

A seguir, apresentaremos uma relação de verduras, legumes, frutas e grãos que devem ser ingeridos CRUS (e na medida do possível, ORGÂNICOS = sem agrotóxico).

No caso dos grãos, sugerimos que eles devam ser "acordados" (deixar de molho em água de um dia para o outro para que "despertem").

Relação de alimentos para melhor combinação alimentar que você pode ingerir neste período sugerido para a Dieta ou sempre que quiser

Frutas Ácidas

- ☐ Abacaxi
- ☐ Ameixa
- ☐ Frambroesa
- ☐ kiwi
- ☐ Laranja
- ☐ Lima
- ☐ Limão
- ☐ Maracujá
- ☐ Maçã
- ☐ Mexerica
- ☐ Morango
- ☐ Pêssego
- ☐ Romã
- ☐ Tomate

☐ Uva

Fruta Neutras

☐ Cereja

☐ Damasco

☐ Figo

☐ Goiaba

☐ Maçã

☐ Mamão

☐ Manga

☐ Pera

☐ Pêssego

Frutas Doces

☐ Banana

☐ Caqui

☐ Fruta-do-conde

Obs.: As frutas ácidas não devem ser misturadas com as frutas doces. Melancia e todos os melões devem ser ingeridos como uma única refeição separada, sem misturar com nada mais.

Vegetais/Verduras

- ☐ Abóbora/Abobrinha
- ☐ Agrião/Aipo
- ☐ Alface/Alho-poró
- ☐ Aspargo/Beterraba
- ☐ Berinjela/Brócolis
- ☐ Cabeça de Cebola/Cebolinha
- ☐ Cenoura/Chicória
- ☐ Cogumelo Shitake
- ☐ Couve/Couve-de-bruxelas
- ☐ Couve-flor/Dente-de-leão
- ☐ Ervilha verde/Espinafre
- ☐ Feijão-verde/Jiló
- ☐ Maxixe/Mostarda
- ☐ Nabo/Nirá
- ☐ Pepino/Pimentão
- ☐ Quiabo/Rabanete
- ☐ Raiz de lótus/Repolho
- ☐ Rúcula/Taioba
- ☐ Tomate/Vagem
- ☐ Algas/Brotos

- ☐ *Umeboshi*/Painço
- ☐ *Nori*/Broto de alfafa/Aveia
- ☐ Broto de girassol/*Kombu*/Broto de feijão
- ☐ *Wakame*/Broto de *moyashi*/Ágar-ágar/Broto de lentilha
- ☐ Chlorella/Broto de trigo/*Hijiki*
- ☐ Todas as sementes germinadas

****

Quem Foi Mestre Saint Germain*

Quem Foi Mestre Saint Germain e suas Vidas no Planeta Terra

Existem vários registros de sua vida, somando mais de 112 anos de existência. Aparenta sempre ter 45 a 50 anos de idade, o que causa muita curiosidade, viaja bastante, prevendo fatos, preparando elixires e frequentando as cortes do século XVIII.

Sua origem verdadeira é desconhecida. Apareceu em Milão, Gênova, Veneza, Paris, Londres, São Petersburgo, Índia, Rússia, África, China e outros locais. Ele afirmava que vinha

---

* Mais informações no livro *Eu Sou Saint Germain – O Pequeno Grande Livro da Chama Violeta em Ação*, de Carmen Balhestero, Madras Editora.

da Ásia onde havia participado de peregrinações em mosteiros das regiões montanhosas.

A última encarnação do Mestre foi como Conde de Saint Germain, na França, no século XVIII. É dessa época que existem os maiores registros de sua permanência na terra. Viveu na França, em Paris, onde ficou sob os cuidados pessoais de Luís XV, desfrutando da afeição do rei, que lhe deu uma suíte com vários aposentos no castelo de Chambord. Muitas vezes, passava noites inteiras em Versailles com o rei e a família real. Tinha muita facilidade em se dirigir às grandes personalidades, sem se importar com suas posições nem títulos.

St. Germain não comia carne, não bebia vinho, o Conde nunca foi visto ingerindo ou bebendo esses alimentos. Nas festas da corte, enquanto todos comiam, ele só bebia água. Era opinião quase universal que ele tinha muito charme e se apresentava sempre de maneira muito cortês. Além do mais, no ambiente social, mostrava uma variedade de dons, tocava muito bem diversos instrumentos musicais e algumas vezes parecia dotado de poderes e capacidades que alcançavam o nível do misterioso e do incompreensível.

Há registros de suas viagens de 1710 a 1822. No entanto, não podemos tratar de cada período de maneira completa, porque Saint Germain muitas vezes desaparecia durante vários meses.

Algumas vezes desaparecia por bastante tempo e reaparecia de repente, deixando entender ter estado em outro mundo, em comunicação com os "mortos".

O Conde costumava afirmar que havia vivido bastante para conhecer Jesus, que havia estado nas bodas de Canaã.

Falava 12 línguas: francês, alemão, italiano, inglês, russo, português, espanhol, grego, latim, sânscrito, persa e o chinês. Este era um conhecimento raríssimo para a época e nunca foi explicado.

St. Germain afirmava ter aprendido as coisas da natureza por sua própria aplicação e pesquisa. Sabia tudo sobre ervas e plantas e havia inventado os medicamentos que usava com frequência e que prolongavam sua vida e sua saúde. Era conhecido por muitos como o homem dos milagres, que previa fatos e transformava objetos.

Foi um hábil diplomata. Agia de forma a chamar a atenção da alta sociedade. Vestia-se de forma sóbria, na qual, contudo, se destacavam os diamantes que usava em roupas e sapatos. Era um homem simples e bom, dava atenção às pessoas mais humildes. O Conde de Saint Germain viveu durante muitos séculos, frequentemente aparecia em lugares diferentes e distantes um do outro na mesma época. Não existe registro de sua morte.

Foi músico, tocava violino; foi cantor e pintor. Nenhum de seus quadros foi encontrado até hoje, mas dizem que as pinturas a óleo eram maravilhosas reproduções de joias que brilhavam como se fossem reais. Foi também um excelente joalheiro e um famoso alquimista que estudava os metais nobres. Foi conhecido como curandeiro, salvou da morte algumas pessoas com graves doenças.

Foi o fundador das sociedades secretas. Fez parte da Loja Maçônica em Paris juntamente aos iluministas Rousseau, Voltaire e Benjamin Franklin.

Teve muitas outras encarnações, como o Mago Merlin, o velho sábio que ajudou o rei Arthur a fundar a Ordem dos Cavaleiros da Távola Redonda. Foi o profeta Samuel e José, pai de Jesus. Foi também Cristóvão Colombo, o descobridor da América, e Francis Bacon, filho da Rainha Isabel I, da Inglaterra, além de Shakespeare e Leonardo da Vinci.

O príncipe da Prússia, Karl von Kassel, disse:

"Saint Germain foi um dos maiores filósofos que já viveram. Era amigo da humanidade, não desejava a riqueza senão para poder distribuir aos pobres. Amava os animais, e apenas a felicidade dos outros era o suficiente para lhe encher o coração. O Conde de Saint Germain era um devotado alquimista, acreditava na medicina universal e realizou estudos sobre o magnetismo animal. Suas tentativas pacifistas facilitaram seu contato com monarcas na Europa. Na corte francesa, o Conde de Saint Germain apareceu para prevenir Maria Antonieta, esposa do rei Luís XVI, do súbito início da Revolução Francesa.

A verdadeira missão de Saint Germain era auxiliar no progresso da ciência, encaminhar a humanidade para a religião não dogmática e estimular a evolução geral."

Quem é o Mestre Ascensionado Saint Germain

O Bem-Amado Mestre Saint Germain é o Ser responsável pelo planeta Terra nos próximos dois mil anos. Por intermédio da alquimia, o Mestre desenvolveu a habilidade de transmutar metais em ouro e as energias negativas em positivas. Como quando o Mestre Jesus veio à Terra trazendo a mensagem de Amor Incondicional na Era de Peixes, mas muitos julgaram Sua principal mensagem a dor, o sofrimento e a culpa. Já o Bem-Amado Mestre Saint Germain foi escolhido para governar a Era de Aquário, justamente utilizando o Poder da Chama Violeta, que é a cor máxima de vibração espiritual e, por esse motivo, tem a propriedade de acelerar, transmutar e manifestar tudo em nós e a nossa volta mais rapidamente, curando, assim, a mente humana que está neste momento presa ao limite, à dor e ao sofrimento.

Saint Germain foi o fundador das sociedades secretas, da Maçonaria, e hoje, na condição de Mestre Ascencionado da Grande Fraternidade Branca Universal, o Mestre nos dá a missão na PAX de espalhar e divulgar as informações do Novo Milênio e não escondê-las a quatro portas, para que todos tenham a mesma oportunidade e adquiram o conhecimento de alcançar a ascensão, pois como Ele mesmo diz: "O TEMPO URGE!".

7º RAIO – Cor VIOLETA

Arcanjo: Ezequiel.

Virtude: Transmutação.

Dia da semana: Sábado.

Música: *Contos dos Bosques de Viena*, Strauss.

TEMPLO DA MANIFESTAÇÃO E ASCENSÃO

Hierofante: Mestre Saint Germain.

Local: No plano etérico, sobre Monte Shasta, Califórnia – EUA.

Chama: Violeta.

Chama Violeta

De todos os feitos do Mestre Saint Germain, o mais importante é a utilização da Chama Violeta, que foi desenvolvida pelo Mestre por meio dos princípios da Alquimia. Temos à nossa disposição um instrumento que, quando utilizado, nos liberta de carmas do passado nos possibilitando caminhar na Luz.

A Chama Violeta é uma forte e poderosa chama, que TRANSMUTA tudo em nós e à nossa volta, que não seja paz, amor e harmonia. A Chama Violeta é o Fogo Purificador, a Chama da Transmutação. A cor violeta é a cor máxima da espiritualidade, é a frequência máxima de vibração. Ela pode ser utilizada como exercício de visualização diária para nos reequilibrarmos e equilibrarmos tudo a nossa volta, transmutando tudo em Perfeição, Paz, Libertação, Luz e Amor Universal. Veja o exercício a seguir.

Exercício da Chama Violeta

Fixe seus olhos na Chama Violeta, visualize o **seu corpo** dentro dela, a chama violeta penetra **no seu corpo**.

A chama violeta se expande cada vez mais, transmutando e purificando tudo em nós e a nossa volta, que não seja paz, equilíbrio, bem-estar, amor, harmonia e luz.

O exercício pode ser feito substituindo as palavras destacadas em destaque pelo que você quiser transmutar em paz, amor e harmonia, por exemplo: sua casa, seus parentes, uma situação, etc.

Cruz de Malta

A Cruz de Malta é o símbolo principal de Saint Germain. A cruz simboliza a união das energias cósmicas e telúricas, a sintonia da Terra e do Céu; o homem de braços abertos se entregando ao Universo e à Vida com Fé e Determinação.

A Cruz de Malta tem o poder de ampliar e manifestar novas irradiações ao redor de onde é utilizada, já que carrega o estigma da Chama Violeta, que tem o poder de transmutar, acelerar e manifestar.

É o símbolo da Liberdade, dos limites e das manifestações de nossos ideais na Luz.

A Cruz de Malta foi a cruz utilizada no século passado em muitos brasões de famílias reais na Europa, como: Portugal, França, Inglaterra (nas coroas das rainhas inglesas) e em muitos outros países.

Exercício da Cruz de Malta

Sente-se confortavelmente, respire a Luz Dourada, sinta que você é Luz, inspire e expire, sentindo a energia leve da Luz Dourada que ocupa todos os espaços do seu corpo.

Visualize sob a planta de seus dois pés uma Grande Cruz de Malta na Chama Violeta; em seu chacra cardíaco, uma Cruz de Malta na Chama Violeta; e no chacra coronário uma Cruz de Malta na Chama Violeta. Sinta a Cruz de Malta nos três pontos que pulsam e vibram em total harmonia com o Universo. Agora os três pontos se expandem cada vez mais, envolvendo a sua casa, sua cidade, o país e todo o planeta Terra. Visualize a sua frente Sete Portais da Chama Violeta que se abrem, e você passa por todos eles trazendo mais Luz a sua vida. Respire de maneira profunda e repita mentalmente: EU

SOU LUZ, EU SOU PAZ, EU SOU SAÚDE, EU SOU AMOR, EU SOU MANIFESTAÇÃO.

Monte Shasta

O principal foco de irradiação do Mestre Saint Germain para a Terra é o Monte Shasta, na Califórnia, um vulcão extinto há 14 mil pés de altitude, que fica no meio de uma reserva florestal onde antigamente era uma reserva indígena, com muitos animais selvagens e enormes pinheiros. Parte da montanha fica coberta por gelo permanentemente por causa de sua altura; alguns estudiosos dizem que essas geleiras são portais para outras dimensões. Seres de muita Luz e de dimensões diferentes ali convivem irradiando Amor e Luz para a Terra, principalmente os Guardiões da Chama Violeta e Seres Interplanetários e Interdimensionais. Líderes espirituais de várias partes do mundo são atraídos para esse local sagrado para se reabastecer, muitos nem mesmo sabem a extensão da energia de manifestação desse Foco Sagrado de Luz. A cidade de Shasta vive em função das mudanças diárias da montanha, que ora se esconde entre nuvens, ora apresenta formas no céu em interessantes colorações e formações de nuvens. Muitas pessoas moradoras da cidade e visitantes já tiveram experiências transcendentais enquanto subiam a montanha, tendo inclusive algumas visões do Mestre Saint Germain e de outros Seres de Luz.

"Em 14 de fevereiro de 1988, eu estava no Monte Shasta, na Califórnia. O Mestre Saint Germain apareceu naquela manhã no meu quarto, pediu que eu saísse e fosse até um local de onde pudesse ver a montanha. Pensei duas vezes antes de ir, pois estava nevando, mas eu fui. Foi então que vi o Templo Violeta e Dourado, em outra dimensão, onde eu me encontrava com Ele todas as noites, em cima da montanha, e compreendi que aquela era a localização do templo. Foi lá na montanha que o Mestre Saint Germain me pediu para organizar a Primeira Conferência Internacional de Metafísica. E assim iniciaram as Conferências no Brasil, realizamos 23 conferências." (Carmen Lúcia Balhestero)

Dicas do Mestre Saint Germain para uma Vida Melhor

Acender incenso em casa eleva a vibração do ambiente e transmuta a energia negativa.

- Flores frescas e plantas verdes também auxiliam na boa vibração.
- Música clássica e instrumental harmoniza, equilibra e eleva a energia.
- Copo de água com sal grosso, na porta de entrada de estabelecimentos comerciais ou em casa, retém a energia negativa. A água com sal deve ser jogada no vaso sanitário e trocada todos os dias por sete dias consecutivos; após esse período, trocar uma vez por semana.
- Cristais têm o poder de transmutar, atrair e manifestar o que pensamos: turmalina preta tem o poder de

transmutar energias negativas em positivas, cristal de quartzo branco tem o poder de ampliar as irradiações harmonizando o local, ametista eleva a vibração, transmuta e manifesta.

Como todos somos LUZ e emanamos uma vibração, é aconselhável fazer este exercício de proteção ao acordar:

Sentar-se na cama, fechar os olhos e sentir a conexão da planta dos pés com o centro do planeta Terra, com a coluna reta sentir a conexão do alto da cabeça com o Universo.

Visualizar um tubo de Luz Azul que desce do centro do Universo e envolve seu corpo. Na planta dos pés, visualizar uma plataforma de Luz Violeta, que transmuta tudo o que não é harmonia, perfeição, equilíbrio, amor, luz.

Visualizar no centro do peito o chacra cardíaco, que se abre como um sol de Luz Violeta e irradia três metros em todas as direções, respirar profundamente expandindo essa Luz Violeta ao redor da casa, fazer uma oração conectando-se com Deus, abrir os olhos e iniciar o seu dia.

O poder da visualização é muito forte e conforme pensamos, manifestamos. Como todos os dias estamos recebendo a influência das energias do mundo, se não fecharmos nossos corpos em Luz, na Luz da nossa vibração, estaremos atraindo as vibrações do mundo que, hoje em dia, estão muito densas e negativas.

Cada um de nós pode modificar a sua realidade, depende da atenção e concentração de energias dispensadas, assim cada um irá manifestar uma nova vida.

ORAR é Comungar com Deus e com o Plano Divino as Bênçãos de Manifestação, além de elevar a vibração do corpo. Sugerimos as seguintes orações:

A GRANDE INVOCAÇÃO

Do ponto de Luz na mente de Deus,

que flua Luz às mentes dos homens,

e que a Luz desça à Terra.

Do ponto de Amor no coração de Deus,

que flua amor ao coração dos homens,

que Cristo retorne à Terra.

Do centro onde a vontade de Deus é conhecida,

que o propósito guie as pequenas vontades dos homens,

propósito que os Mestres conhecem e servem.

Do centro a que chamamos a raça dos homens,

que se realize o plano de Amor e de Luz

e feche a porta onde se encontra o mal.

Que a Luz, o Amor e o Poder

restabeleçam o Plano Divino sobre a Terra,

hoje e por toda a eternidade. Amém.

****

ORAÇÃO JUNTO AOS ANJOS

Anjos do Amor, Anjos da Paz,

Apelamos por Vós.

Anjos da Beleza, Anjos da Misericórdia,

Vossa perfeição nos liberta.

Anjos da Consolação do Raio Rosa,

Anjos da Cura, vinde todos.

Anjos da Bondade e da Bem-Aventurança,

Estamos prontos a servir!

Anjos da Sabedoria, da Alegria e da Vitória,

Apelamos por Vós...

Anjos da Verdade e da Maestria,

Vossa Iluminação nos liberta.

Anjos da Compensação do Raio Dourado,

Anjos da Bênção, Vinde todos.

Anjos da Paz e da Perfeição,

Estamos prontos a servir!

Anjos da Lealdade, Anjos do Poder, Apelamos por Vós.

Anjos da Firmeza, Anjos da Força

Da Vontade Divina, Oh! Libertai-nos.

Bem-Amado Protetor do Raio Azul

Anjos do Servir, Vinde Todos.

Anjos da Proteção, da Unidade,

Estamos prontos a servir!

Anjos da Liberdade, Anjos do Amor,

Apelamos por Vós.

Anjos da Misericórdia, do Equilíbrio,

Vossa Liberdade nos liberta.

Anjos do Raio Violeta e do Perdão, vinde todos.

Anjos da Justiça Divina,

Estamos prontos a servir!

Anjos da Vida, Anjos da Ascensão,

Apelamos por Vós.

Anjos da Chama Verde, Ouro e Rubi,

Vossa Superioridade nos Liberta.

Anjos da Pureza do Raio Branco,

Anjos do Céu, vinde todos.

Anjos da Perfeição Divina,

Estamos prontos a servir!

****

ORAÇÃO JUNTO AO REINO ELEMENTAL DA NATUREZA

Bem-Amada Majestosa Presença Eu Sou,

Envolta na Chama Violeta que a tudo transmuta em Luz,

Que o Fogo Sagrado da Chama Trina,

Que pulsa e vibra em meu Santo Ser Crístico,

Purifique, harmonize e abençoe

Todos os seres elementais da Natureza.

Bem-Amados Hélios e Vesta,

Áries e Thor,

Netuno e Lunara,

Virgo e Pelleur,

Deuses Maiores do Reino da Natureza,

Que a Manifestação da Abundância de Vossas Essências

Coroe cada Elemental do Fogo, Ar, Água, Terra e Éter

Com a Substância Divina da Concretização da Perfeição.

Bem-Amado Mestre Lemuel,

Por Vossa intensa cooperação e orientação,

Seja por Vós abençoado com o cumprimento de
Vossa tarefa finda,

Ao ver realizado o Plano Divino sobre a Terra

Da cura e da libertação de todos os Elementais da Natureza.

Bem-Amada presença Eu Sou,

Sigo adiante, consciente da minha tarefa maior,

De junto aos Anjos e aos Construtores de Todas as Formas,

Cumprir a Vontade Divina de Ascensão Conjunta

Dos Três Reinos aos Planos Superiores de Luz.

****

Antes de dormir, ore os "Preceitos da Alvorada da Verdade", pois, ao fazê-lo, estamos invocando pela concretização da Perfeição e da Consciência Crística na Terra por meios do Reino Hominal, que deve trabalhar em consonância e mútua cooperação com o Reino Angélico e o Reino Elemental, pela atuação da Paz e da Harmonia do planeta. Após a oração, libere o seu EU para participar desse acontecimento tão importante nas esferas de Luz, e peça a sua Presença Divina para que, por intermédio da intuição, possa você, no decorrer do ano, conscientemente, prestar os mais belos serviços almejados por todas as fraternidades filiadas à Grande Fraternidade Branca Universal. Que as nossas colheitas, nas bênçãos do Reino Angélico e do Reino Elemental, sejam mais abundantes e abençoadas na Luz!

OS PRECEITOS DA ALVORADA DA VERDADE

CREIO EM DEUS, O GRANDE ARQUITETO DO UNIVERSO, EM SEU DUPLO ASPECTO DE PAI E MÃE, E NA FORÇA CRÍSTICA – O AMOR DIVINO IMPLANTADO DO ÂMAGO DE TODA A HUMANIDADE.

CREIO NA IGREJA UNIVERSAL, QUE É INVISÍVEL, E NO ESPÍRITO SANTO – O DIVINO FOGO ESPIRITUAL DE PURIFICAÇÃO E DE AMOR.

CREIO, ANTES DE UNIR-ME AO ESPÍRITO UNIVERSAL E COMPREENDER A AÇÃO DA LEI ESPIRITUAL, QUE DEVE MORRER EM MIM O SER INFERIOR E QUE, EMERGINDO O SER SUPERIOR, DEVO NASCER NOVAMENTE.

CREIO, ESCLARECIDO PELA GRANDE LUZ DE DEUS LATENTE EM MIM, QUE EU MESMO JULGAREI AS MINHAS FALTAS E SOFREREI A MINHA PENA.

CREIO NO DEUS DE AMOR, PAI E MÃE DE TODA A HUMANIDADE, NA COMUNHÃO E TRABALHO CONJUNTO DOS ANJOS E DAS ALMAS REDIMIDAS.

CREIO EM MINHA UNIDADE COM OS REINOS DA NATUREZA E NA SANTIDADE DE TODA VIDA.

CREIO QUE, PELO ESFORÇO CONTÍNUO, CHEGA-SE AO ETERNO E QUE, PELA UNIÃO COM OS PAIS DIVINOS, OS DESEJOS E A INFELICIDADE DESAPARECEM.

CREIO QUE, SE QUISER A LIBERTAÇÃO DOS RENASCIMENTOS, DEVO CUMPRIR A LEI, COMPREENDER A NATUREZA DO FOGO CELESTIAL E ALCANÇAR A SABEDORIA OCULTA.

ESFORÇAR-ME-EI, COM A AJUDA DE DEUS, EM VER O BEM ANTES DE TUDO, EM ME ABSTER DE TUDO AQUILO QUE CONDUZ AO EFÊMERO, À VAIDADE, À IMPUREZA E AO APEGO AO PODER TERRESTRE.

ESFORÇAR-ME-EI EM ESTAR AO LADO DOS AFLITOS, EM DAR CONSELHOS SINCEROS E IMPESSOAIS A TODOS OS QUE PROCURAM A MINHA AJUDA E EM DIRIGIR PENSAMENTOS DE PAZ AOS QUE LUTAM E AOS QUE SOFREM.

FAREI, DIARIAMENTE, ALGUM TRABALHO PARA DEUS E OBEDECEREI ÀS LEIS DA HOSPITALIDADE. TENTAREI CUMPRIR MINHAS TAREFAS COTIDIANAS DE BOM GRADO, TÃO PREPARADO QUANTO AS CIRCUNSTÂNCIAS ME PERMITAM.

LEMBRAR-ME-EI DE QUE SOU O TEMPLO DE DEUS VIVO, PROCURÁ-LO-EI INTERIORMENTE, SABENDO QUE, NO MAIS ÍNTIMO, NASCE O RADIANTE, O

SENHOR DO PASSADO E DO FUTURO, O SENHOR DO INFINITO, QUE, NO ENTANTO, É SEMPRE O MAIS PRÓXIMO.

ESFORÇAR-ME-EI PARA QUE A MINHA MENTE NÃO SEJA PERTURBADA PELOS ASSUNTOS DO MUNDO, EM NÃO SER DOMINADO POR PAIXÕES E EGOÍSMO, EM SER PACIENTE NO SOFRIMENTO, ALIMENTANDO O CONTENTAMENTO E A GRATIDÃO.

LEMBRAR-ME-EI DE QUE TODAS AS ÉPOCAS FORAM NUTRIDAS PELA MAJESTADE DE DEUS – A ESSÊNCIA CRÍSTICA QUE IMPREGNA TUDO – E QUE TODAS AS RAÇAS FORAM CHAMADAS A OUVIR A VOZ DE DEUS, CADA UMA SOB O ASPECTO E FORMA QUE MAIS LHE ERAM PROPÍCIOS.

ASSIM, COM ESSES CONHECIMENTOS, ESTAREI EM HARMONIA COM TUDO E PODEREI REVERENCIAR A DEUS, EM QUALQUER TEMPO E LUGAR, SOB QUALQUER ASPECTO QUE O ENCONTRAR. AMÉM.

Conexão com o Monte Shasta

1. Acenda uma vela violeta ou branca e consagre a chama ao Bem-Amado Mestre Saint Germain.

2. Direcione as mãos para a Chama da Vela (captando luz do Fogo Sagrado Violeta).

3. Coloque as duas mãos no centro do peito, transferindo para o coração a Chama Violeta com as bênçãos da 7ª Esfera de Luz (acenda o Fogo Sagrado Violeta no seu coração e permita que ele se inflame de tal forma que todo o seu ser se torne uma tocha acesa do Fogo Violeta).

4. Mentalize dentro do seu coração o planeta Terra envolto no Fogo Sagrado Violeta e afirme: "Por meio da Chama Violeta em ação no meu ser e como peregrino da luz, eu abençoo com gratidão todos os Seres Elementais do Fogo, da Terra, da Água, do Ar e do Éter e todos os Seres dos Reino da Natureza para que possam permanecer em paz, equilíbrio e harmonia. Confiante, ofereço o meu amor e a minha paz para que seja restabelecida a Ordem Cósmica em todos os locais da Mãe Terra, hoje e por toda a eternidade. Assim, declaro em nome e no poder da Sagrada Chama Violeta ancorada no meu ser e em nome do santíssimo Deus Eu Sou no eterno agora".

5. Escolha e mentalize agora, dentro do seu coração, para onde ou para quem você deseja enviar a poderosa Chama Violeta para gerar compreensão, tranquilidade, pureza e amor, que dissolve instantaneamente obstáculos, conflitos, dor, sofrimento ou desarmonia.

6. Leia a seguinte afirmação: "Eu Sou agora somente o 'Eu Sou em ação'. Eu Sou a transcendência que irradia a frequência máxima da Luz Violeta. Ao atuar como pilar do Fogo Violeta, passo a ser em qualquer situação, em qualquer lugar, uma corrente de vibrações, cujas propriedades captam e

dissolvem energias impuras ou mal utilizadas, para que possam ser recarregadas com o Poder da Transmutação, aperfeiçoando-as e acelerando o seu processo de Perfeição. Eu Sou, Eu Sou, Eu Sou a atividade da Chama Violeta em ação".

7. Leia o seguinte apelo: "Ó! Deus Todo Poderoso, presente no meu coração, e Bem-Amado Metre Saint Germain: eu Vos amo e Vos bendigo a cada instante! Eu peço e comando que a Vossa Chama Violeta inunde o meu ser e o meu manto eletrônico tão poderosamente, que eu me torne uma taça de pureza e de amor a transbordar durante o meu percurso, inundando o coração dos homens! Eu peço e comando que este apelo seja atendido com a rapidez do relâmpago, pela luz do Grande Sol Central. Eu Vos agradeço, ó! Bem-Amado Mestre Saint Germain, pelo atendimento deste apelo". Está feito! Está feito! Está feito!

8. Deixe a vela queimar até o fim.

Orações pela Paz

ORAÇÃO HINDU PELA PAZ

Ó Deus, leva-nos do irreal para o real. Ó Deus, leva-nos da escuridão para a luz. Ó Deus, leva-nos da morte para a imortalidade. Shanti, Shanti, Shanti a todos. Ó Senhor Deus Todo-Poderoso, que haja paz nas regiões celestiais. Que haja paz sobre a Terra. Que as águas sejam apascentadoras. Que as ervas sejam nutritivas e que as árvores e plantas tragam paz a todos. Que todos os seres benéficos tragam-nos a paz. Que a Lei dos Vedas propague a paz por todo o mundo. Que todas as coisas sejam fonte de paz para nós. E que a Vossa paz possa trazer a paz a todos e a mim também.

ORAÇÃO BUDISTA PELA PAZ

Que todos os seres, de todos os lugares, afligidos por sofrimentos do corpo e da mente sejam logo libertados de suas enfermidades. Que os temerosos deixem de ter medo e os agrilhoados sejam libertos. Que o impotente encontre forças e que os povos desejem a amizade uns dos outros. Que aqueles que se encontram a ermo sem caminhos e amedrontados – as crianças, os velhos e os desprotegidos – sejam guiados por entes celestiais benéficos e que rapidamente atinjam a condição de Buda.

ORAÇÃO JAINISTA PELA PAZ

A Paz e o Amor Universal são a essência do Evangelho pregado por todos os Seres Iluminados. O Senhor disse que a equanimidade é o Dharma. Perdoo a todas as criaturas e que todas as criaturas me perdoem. Por todos tenho amizade e por nenhuma criatura inimizade. Saiba que a violência é a causa raiz de todas as misérias do mundo. A violência é de fato o nó que aprisiona."Não ofenda nenhum ser vivo." Este é o caminho eterno, perene e inalterável da vida espiritual. Por mais poderosa que seja uma arma, ela sempre pode ser sobrepujada por outra; mas nenhuma arma pode ser superior à não violência e ao amor.

ORAÇÃO MAOMETANA PELA PAZ

Em nome de Allah, o benéfico, o misericordioso. Graças ao Senhor do Universo, que nos criou e distribuiu em tribos e nações, que possamos nos conhecer, sem nos desprezarmos uns aos outros. Se o inimigo se inclina para a paz, inclina-te tu também para a paz e confia em Deus. Cheios de Graça são aqueles que andam sobre a Terra em humildade, e quando nos dirigimos a eles dizemos "PAZ".

ORAÇÃO SIKH PELA PAZ

Deus nos julga segundo nossas ações, não de acordo com o traje que nos cobre: a verdade está acima de tudo, mas ainda mais alto está o viver em verdade. Saibam que atingimos a Deus quando amamos e a única vitória que perdura é aquela que não deixa nenhum derrotado.

ORAÇÃO BAHAI PELA PAZ

Seja generoso na prosperidade e grato na adversidade. Seja justo ao julgar e comedido ao falar. Seja uma luz para aqueles que caminham na escuridão e um lar para o forasteiro. Seja os olhos para o cego e um guia para os errantes. Seja um sopro de vida para o corpo da humanidade, orvalho para o solo do coração dos homens e seja a fruta da árvore da humildade.

ORAÇÃO XINTOÍSTA PELA PAZ

Embora as pessoas que vivam do outro lado do oceano que nos rodeia, eu creio, sejam todas nossos irmãos e irmãs, por que há sempre tribulação neste mundo? Por que os ventos e as ondas se levantam no oceano que nos circunda? Desejo, de todo coração, que o vento logo leve embora todas as nuvens que pairam sobre os picos das montanhas.

ORAÇÃO DOS NATIVOS AFRICANOS PELA PAZ

Deus Todo-Poderoso, Grande Polegar que ata todos os nós, Trovão que Ruge e parte as grandes árvores; Senhor que tudo vê, até as pegadas do antílope nas rochas aqui na Terra, Vós sois aquele que não hesita em responder a nosso chamado. Vós sois a pedra angular da Paz.

ORAÇÃO DOS NATIVOS AMERICANOS PELA PAZ

Ó Grande Espírito de nossos Ancestrais, elevo meu cachimbo a Ti. Aos Teus mensageiros, os quatro ventos, e à Mãe Terra que alimenta Teus filhos. Dá-nos a sabedoria para ensinar nossos filhos a amarem, respeitarem e serem gentis uns com os outros, para que possam crescer com ideias de paz. Que possamos aprender a partilhar as coisas boas que nos ofereces aqui na Terra.

ORAÇÃO PARSE PELA PAZ

Oramos a Deus para erradicar toda a miséria do mundo: que a compreensão triunfe sobre a ignorância, que a generosidade triunfe sobre a indiferença, que a confiança triunfe sobre o desprezo e que a verdade triunfe sobre a falsidade.

ORAÇÃO JUDAICA PELA PAZ

Vamos subir a montanha do Senhor, para que possamos trilhar os caminhos do Mais Alto. Vamos forjar arados de nossas espadas e ganchos de poda com nossas lanças. Uma nação não levantará a espada contra outra nação – nem aprenderão a guerra novamente. E ninguém mais sentirá medo, pois isso falou o Senhor das Hostes.

ORAÇÃO CRISTÃ PELA PAZ

Benditos são os que fazem a paz, pois eles serão chamados Filhos de Deus. Pois eu lhes digo: ouçam e amem os seus inimigos, façam o bem aos que o odeiam, abençoem aqueles que o maldizem, orem pelos que o humilham. Aos que lhe batem no rosto ofereçam a outra face, e aos que lhe tiram as vestes ofereçam também a capa. Dá aos que pedem, e aos que tomam seus bens não os peça de volta. E faça aos outros aquilo que quiserem que os outros lhe façam.

Meditação de Cura Mundial

No princípio,

No princípio DEUS.

No princípio DEUS criou o Céu e a Terra,

E DEUS disse: que haja Luz, e houve Luz.

Agora é o tempo do novo começo, e EU SOU um cocriador com DEUS de um novo céu que se aproxima, à medida que a nova vontade de DEUS é expressa na Terra por mim.

É o reino de Luz, de Amor, de Paz e de Compreensão.

E eu estou fazendo a minha parte para revelar a sua realidade.

Começo comigo mesmo. Sou uma alma viva e o espírito de DEUS habita em mim sendo eu mesmo.

EU e o PAI somos um, e tudo aquilo que pertence ao PAI pertence a mim.

Em verdade, sou o Cristo de DEUS.

O que é verdadeiro em mim, é verdadeiro em todos, porque DEUS é tudo e tudo é DEUS.

Eu vejo somente o espírito de DEUS em todas as almas.

E para todo homem, mulher e criança na Terra eu digo:

EU AMO você, pois você sou eu. Você é meu sagrado ser.

Eu agora abro o meu coração e deixo a pura essência do Amor Incondicional fluir.

Eu a vejo como uma Luz dourada e irradiando do centro do meu ser e sinto a sua Divina vibração dentro e através de mim, acima e abaixo de mim.

EU SOU um com a Luz. A Luz me preenche. A Luz me ilumina. EU SOU a Luz do Mundo.

Com o propósito em mente, eu irradio a Luz. Deixo o resplendor anteceder-me para unir-se a outras Luzes.

Sei que isto está acontecendo em todo o mundo neste momento.

Vejo as Luzes se unindo... Agora, há somente uma Luz. Nós somos a Luz do Mundo!

A Luz una de Amor, de Paz e Compreensão está se movendo. Ela flui pela face da Terra, tocando e Iluminando cada alma na sombra da ilusão. E onde havia escuridão, existe agora a Luz da Realidade.

E o resplendor cresce, permeando e preenchendo cada forma de vida.

Há somente a vibração de uma vida Perfeita agora.

Todos os reinos da Terra respondem, e o Planeta está vivo com Luz e Amor.

Existe união total. E nessa união pronunciamos a Palavra. Que o sentido de separatividade seja dissolvido. Que a humanidade retorne a DEUS.

Que a Paz flua em cada mente. Que o Amor flua em cada coração.

Que o perdão reine em cada alma.

Que a compreensão seja o elo comum a todos.

E agora a Luz do mundo, a Presença Única e o Poder do Universo respondem.

DEUS está curando e harmonizando o Planeta Terra.

A Onipotência se manifesta.

Estou vendo a cura do Planeta diante dos meus próprios olhos, à medida que todas as falsas crenças e padrões errôneos se dissolvem.

O sentido de separação não mais existe; a cura ocupou o seu lugar, e a sanidade do mundo foi restaurada.

Esse é o começo da Paz na Terra e Boa Vontade para com todos.

À medida que o Amor flui de todos os corações, o perdão reina em todas as almas e todos os corações e mentes estão unidos em perfeita compreensão.

Assim é, Assim é, Assim é.

Amém, Amém, Amém.

Om, Om, Om.

****

Mensagem Final do Mestre Saint Germain

"Amados Filhos:

É chegado o momento de os Filhos da Luz aprenderem a canalizar sua própria Luz e mensagens dos Seres da Grande Fraternidade Branca Universal. Sintonizados na Presença EU SOU, tereis a oportunidade de recriar um novo ciclo rumo à Consciência de Iluminação. Em silêncio, que possais aprender a atrair as energias e forças de magnetização, por meio da Senda da Iniciação à Luz. A humanidade está diante do propósito de atingir a própria maestria.

O plano espiritual, por intermédio das dispensações Crísticas (entradas de Luz na Mãe Terra), tem acelerado o processo da Iluminação e do despertar da Consciência Individual. Reafirmando o compromisso em servir a vossa alma e o poder intuitivo, alcançareis a Maestria. Canalizar significa esvaziar a mente das energias supérfluas e permitir que o Poder da Luz permeie a Mente. Tudo é treinamento e hábito, quando os seres humanos se abrem para receber a Chama da Bem-Aventurança por meio do Sagrado, todos os Portais apresentam o Propósito de recriar um Novo Ciclo de Realizações.

Este é um curso de Canalização, no qual pelas vossas sintonias com a Verdade, atingireis o processo da Evolução Individual e Planetária. É necessário decidir querer canalizar, não para entender o que a mente possa supor, mas acima de tudo para receber as inspirações e palavras sagradas e verdadeiras, para que a Vida se transforme e para que cada um assuma a totalidade do seu Corpo de Luz na Mãe Terra agora.

Existem duas formas de canalização: por meio da Presença EU SOU, quando em sintonia com vossas mentes atingireis o Poder de novas egrégoras que fortalecem o eixo deste novo Tempo de Luz; e em sintonia com o Poder Supremo de Deus nas muitas dimensões existentes, quando tocareis a Consciência dos Seres de Luz, que já venceram o mundo da matéria e agora compartilham sua Maestria por intermédio de mensagens, intuindo e auxiliando no processo da evolução individual e planetária, para que cada um assuma a totalidade da essência e manifeste a Consciência Crística a cada instante.

Canalizar por meio da Presença Eu Sou significa atrair situações em total sincronismo com as Leis de Deus, para que todas as situações ocorram na mais perfeita organização, de acordo com a Vontade Divina; dessa forma, a Vida flui em harmonia e sem esforço.

Canalizar as mensagens dos Mestres da Luz é a forma de aproximar-se do Poder Supremo da Unidade, sentindo que todos os seres, em todos os reinos, fazem parte do mesmo Corpo de Luz que atrai a Força e o Poder do Ritmo, Sabedoria, Manifestação. Esse processo requer mais disciplina, para que o ego não interfira nas palavras e nos pensamentos que surgirem. A diferença entre canalização e criação mental é que a canalização ocorre de maneira fluida, sem esforço, e a criação mental é pensada, analisada de modo racional. Quanto mais o discípulo se aproxima do Poder Crístico em sua mente, ancorando as forças que precipitam a Força da Unidade, mais fácil se torna o processo da canalização. A canalização não requer apenas a disposição em querer receber as mensagens, mas acima de tudo em vivenciar as Virtudes Divinas a cada dia. Quando próximos, mente Crística e coração, a energia Divina flui e permite que palavras se formem e transportem as bênçãos para o momento atual, reunindo vibrações rumo à Perfeição.

Que possais assumir a responsabilidade em servir a Vossa Luz Interna e ali reencontrareis o Poder de Realizar. Ser Canal é servir como um meio de comunicação entre mundos, o mais importante é vivenciar as lições e sugestões, não apenas canalizá-las.

Amados Filhos, nestes momentos de tantas incertezas na humanidade, que possais apelar por vossa consciência e bom senso. Centrados na Fé e na prática constante da Espiritualidade em vossas Vidas, reafirmareis vosso Propósito Divino em reconhecer as grandes oportunidades de Mudança em vossa Vida agora. Abraçai este *momentum* de aceleração energética e este novo Tempo de PAZ.

O objetivo deste manual é fazer com que cada ser reaprenda o caminho da autorrealização em sintonia com a própria essência, que é Luz. Quando cada ser ergue o véu e enxerga a oportunidade de recriar novas realidades, todo o Universo se expande e abençoa o propósito da Mente Crística que encontra no Eu Sagrado o Poder de Canalizar. Confiai em vossa Intuição e abri Mentes e Corações para receber novas instruções.

Agradecemos a predisposição dos que escolheram servir como pontes entre reinos, canalizando e reconhecendo o processo da Verdadeira Mudança de Paradigmas, cada um assumindo responsabilidade perante suas próprias escolhas individuais.

Amor e Luz

Eu Sou,
Saint Germain"

****

Anexo 1

Presença Eu Sou

A forma como Deus nos vê costuma ser representada por esta imagem, que pode ser compreendida da seguinte forma:

- A *Figura Superior* representa o Ser Divino individualizado, e a *Inferior*, o Ser Humano.

- Através do *Cordão de Prata* que desce do coração do Ser Divino, penetra na cabeça do Ser Humano e se fixa em seu coração (sede do Santo-Ser-Crístico, da Chama Trina e também ponto de convergência da Presença Eu Sou), o Ser Humano é vivificado pela pura Luz Branca, emanada da sua Presença Divina.

- Em volta da Presença Eu Sou, os sete círculos coloridos formam o *Corpo Causal* e representam a energia dos atributos acumulados durante toda a existência de cada emanação de vida, e os *Raios de Luz* projetados em todas as direções mostram a forma como ela atende aos pedidos de ajuda que Lhe são dirigidos. Já os seus *Eternos Braços* protetores envolvem o Ser Humano, protegendo-o, quando este *reconhece* o seu poder.

- A *Figura Inferior* (a personalidade) está envolta na misericordiosa *Chama Violeta*, que atua na purificação e transmutação de todo o mal e de toda a desarmonia, e também recebe a proteção de um *Manto de Luz*, que é emanado das pontas dos dedos da Presença Eu Sou, cujos braços se estendem em linha horizontal, desviando da aura humana toda a negatividade e sentimentos inferiores que vagam pela atmosfera da Terra.

Contemple sempre a imagem da presença Eu Sou e medite sobre o seu significado, pois quando nos colocamos em contato com a forma de determinada coisa, também contatamos a sua consciência e estabelecemos uma sintonia.

Anexo 2

Os Sete Raios Cósmicos

De acordo com a vibração que emanamos, cada um de nós corresponde a um raio cósmico. Existem Sete Raios que correspondem às sete cores, aos sete dias da semana, aos sete Mestres, responsáveis por cada dia, e aos sete Arcanjos e às sete virtudes, correspondentes a cada um deles.

As correspondências dos Sete Raios Cósmicos são:

1º Raio
- *Cor*: Azul
- *Dia da semana*: Domingo
- *Mestre*: El Morya
- *Arcanjo*: Miguel
- *Virtudes*: Fé, Proteção, Força da Vontade Divina

2º Raio
- *Cor*: Amarelo-ouro
- *Dia da semana*: Segunda-feira
- *Mestres*: Confúcio, Lanto e Kuthumi
- *Arcanjo*: Jofiel
- *Virtudes*: Sabedoria, Iluminação Divina, Discernimento

3º Raio
- *Cor*: Cor-de-rosa
- *Dia da semana*: Terça-feira
- *Mestra*: Rowena
- *Arcanjo*: Samuel
- *Virtudes*: Amor Universal

4º Raio
- *Cor*: Branca
- *Dia da semana*: Quarta-feira
- *Mestre*: Seraphis Bey
- *Arcanjo*: Uriel
- *Virtudes*: Paz, Ascensão, Harmonia

5º Raio
- *Cor*: Verde
- *Dia da semana*: Quinta-feira
- *Mestre*: Hilarion
- *Arcanjo*: Rafael
- *Virtudes*: Verdade, Cura

6º Raio

- *Cor*: Rubi
- *Dia da semana*: Sexta-feira
- *Mestra*: Nada
- *Arcanjo*: Gabriel
- *Virtudes*: Devoção, Amor, Paz

7º Raio

- *Cor*: Violeta
- *Dia da semana*: Sábado
- *Mestre*: Saint Germain
- *Arcanjo*: Ezequiel
- *Virtudes*: Transmutação

Sobre a Autora

Carmen Balhestero fundou a Fraternidade Pax Universal em 1985 e também foi a precursora na organização das Conferências Internacionais de Metafísica no Brasil, tendo a primeira sido realizada em 1988.

Os contatos de Carmen com a Hierarquia da Grande Fraternidade Branca são realizados desde a sua infância, mas o chamado ao trabalho ocorreu efetivamente em 1985. Desde então, Carmen deu início a um intenso ciclo de atividades, como parte de sua missão, e passou a realizar palestras e cursos em diversas cidades do Brasil, Europa e Estados Unidos. Em 1987, trabalhou voluntariamente durante sete meses no Instituto Louise Hay, em Los Angeles, com energização para doentes de Câncer e AIDS, e em 1989 trabalhou, também voluntariamente, durante um ano, no Spiritual Healing Center, em São Francisco.

Em seguida, já no Brasil, deu início às irradiações pela Paz e Cura do Planeta Terra, que são feitas até hoje, sempre às quintas-feiras, às 21 horas, na sede da Pax, e também começou a ampliar a divulgação da palavra dos Mestres por meio de programas de Rádio e TV, e também de trabalhos literários.

Foi durante a sua fase de maior atividade em outros países que, estando em Monte Shasta, na Califórnia, Carmen recebeu a visita de Saint Germain. Essa visita aconteceu em 14 de fevereiro de 1988 e, para eliminar qualquer dúvida que ainda pudesse pairar sobre Carmen, Saint Germain conduziu-a pessoalmente ao Templo Violeta e Dourado – o templo para onde Carmen se dirigia todas as noites, de qualquer lugar que estivesse, a fim de receber as instruções do Mestre. E foi também nesse encontro que Saint Germain lhe pediu que desse início à realização das Conferências Internacionais de Metafísica no Brasil. (Desde então, as conferências têm sido realizadas todos os anos.)

As atividades de Carmen, tanto físicas quanto espirituais, seguiram um ritmo bastante acelerado, impondo-lhe sempre muita disciplina e desprendimento. E uma vez que se colocou inteiramente à disposição de Saint Germain, este foi preparando-a cada vez mais para ser um puro canal da Fraternidade Branca na Terra.

Para Carmen, o que de início tinha o caráter de renúncia e abnegação, já que a vida comum lhe escapava cada vez mais ao controle, hoje é sentido como Perfeita Unidade, pois a sua vida "comum" é o próprio serviço que presta à Grande Fraternidade Branca como Mensageira especialmente escolhida e preparada por Saint Germain.

Como Dirigente Espiritual da Fraternidade Pax Universal, Carmen mantém as irradiações pela Paz e pela Cura do Planeta Terra todas as quintas-feiras, às 15 horas; monitora todas as atividades realizadas pela Pax; apresenta programas em rádio e TV, além de levar grupos de pessoas para realizarem vivências espirituais em locais com fortes pontos energéticos, tais como Egito, Índia, Monte Shasta (EUA), Havaí, Machu Picchu (Peru), México, Canadá, Marrocos, Grécia, Israel, França e também Brasil, que neste início de milênio será o foco das viagens de Carmen Balhestero por constituir-se o Brasil o Berço da Nova Era de Ouro.

Saiba mais sobre Carmen Balhestero visitando o seu *site* na internet: www.pax.org.br ou FaceBook: Pax Carmen Balhestero

---

Nota do Editor

A Madras Editora não participa, endossa ou tem qualquer autoridade ou responsabilidade no que diz respeito a transações particulares de negócio entre o autor e o público.

Quaisquer referências de internet contidas neste trabalho são as atuais, no momento de sua publicação, mas o editor não pode garantir que a localização específica será mantida.

Fraternidade Pax Universal

A Fraternidade Pax Universal é uma entidade metafísica, sem fins lucrativos, criada para promover o despertar da consciência humana para o Terceiro Milênio e formar uma nova família fraterna no Planeta, com o auxílio dos Servidores da Luz presentemente encarnados.

Seus dirigentes são a Hierarquia da Grande Fraternidade Branca Universal, Elementais da Natureza, Seres Interdimensionais, Correntes de Cura e Irmãos Interplanetários, que, sob a regência do Mestre Saint Germain, se manifestam por meio da sensitiva e fundadora da Pax, Carmen Balhestero.

Princípios e Metas da Pax

Os princípios da Pax são o Amor, a Paz, a Justiça, a Integridade, a Harmonia e o Equilíbrio, para que todos possam alcançar a Luz Maior a partir da própria Luz, e suas metas são acelerar o despertar do homem mediante a purificação de seus corpos inferiores e aperfeiçoar seus veículos sutis, criando as condições solicitadas por Saint Germain para a passagem da Terra para a 5ª dimensão e a consequente ascensão da sua humanidade.

Meditação pela Paz e Cura do Planeta Terra

Trabalho espiritual semanal gratuito que é realizado na Pax desde a sua fundação, todas as quintas-feiras, às 15h. Essas reuniões são a base de todo o trabalho da Pax. Nelas são irradiadas as chamas Verde (da Cura), Violeta (da Transmutação do Mestre Saint Germain) e Dourada (da Iluminação), para a verdadeira purificação da aura do Planeta e de seus habitantes em todas as dimensões, transmutando em Luz todo o carma negativo. Nessas reuniões são canalizadas mensagens dos Mestres dos Sete Raios da Grande Fraternidade Branca Universal sobre o momento planetário atual. Transmições na FaceLive: Pax Carmen Balhestero

Demais Atividades Gratuitas

Mais de 20 atividades gratuitas são realizadas semanalmente, sob a coordenação do corpo de voluntários, dando às pessoas a oportunidade de um maior desenvolvimento espiritual.